AF320891

Y.-E. VEUCLIN

Correspondant du Comité des Beaux-Arts
Lauréat de Sociétés savantes.

DOCUMENTS INÉDITS

SUR LE

Canton de Thiberville

BERNAY

Imprimerie E. VEUCLIN

1890

(4)

CANTON DE THIBERVILLE

BARVILLE

26 septb. 1698. Pierre Vallée, vicaire, desservant le deport du bénéfice-cure, originaire de Fumichon, est inhumé par la charité de Piencourt.

14 juillet 1757. Bonne de Chalon, épouse de M. de Barville, 66 ans, inhumée dans le chœur.

3 juillet 1760. Jean-Baptiste Deauger, éc^r fils de Jacques-Bernard, sg^r et patron de St-Martin-de-la-Lieue, et de Catherine de Courtel, se marie à Marthe-Françoise de Livet de Barville, fille de feu Louis-François, chev^r, sgr de Caudecote, Bazoques et Barville, et de feue Bonne de Chalons. Le mariage a lieu dans la chapelle de Caudecote. Louis-François Livet de Barville, frère de l'épouse.

24 mai 1766. Baptême de François-Louis Charles de Livet de Barville, fils de Louis et de N. de Giverville.

28 avril 1769. Bapt. de Alexandre-Marie-Armand, fils des précédents.

30 juillet 1768. Inh. de Marie-Anne Hardy de Bois-David, 14 ans.

11 oct. 1793. Registre du comité de surveillance. Patriotisme du citoyen Livet. (A. de Bernay ; S.)

18 frim. an 6. Arrestation de M. Livet.

BAZOQUES

Fondations au trésor :

24 févr 1600. Une pièce de terre contenant une vergée, par Thomas Hue, du Thi-Noleut. Ollivier de C'inchamp, curé. Thomas Lefrançois, vicaire. Jacques Le Bertre, Jehan Lefebvre et Robert Semiot, prêtres de la paroisse. — 9 juillet 1638. 42 s. 11 d. de par testament de Pierre Guerard, prêtre. Jehan de Clinchamp, éc'. sgr de Caudecotte et de Bazoques. — 13 juin 1646. Une pièce de terre contenant une vergée et demie par Robert Hue, du Favril. — 7 avril 1647. Un calice avec « platane » d'argent par Toussaint, Charles et René dits Guerard frères. — 23 septbre 1648. Une pièce de terre contenant une vergée par Jacques Lebertre. — 25 oct. 1653. Une pièce de terre contenant 35 perches par Olivier Paisant. Guillaume Bonnard, vicaire. — 15 nov. 1657. Une pièce de terre contenant 27 perches et demie par Guillaume Boudin. Jacques Bénard, vicaire. — 25 nov. 1663. 300 livres tournois par Françoise de Halley, veuve de Jean de Clinchamp, sgr de la paroisse. — 23 déc. 1670. 20 l. ts de rente par Olivier Lefebure. — 20 févr 1651. Une pièce de terre contenant vergée et demie par Olivier Paisant. — 4 juin 1682. 4 l. t de rente par Jacques Freminot. — 16 juil. 1688. Une pièce de terre contenant une vergée, par Pierre Cousinard — 11 déc. 1718. 19 l. de rente par Jacques de Livet, chev', sgr et patron de Barville,

Fresne, Caudecotte, Bazoques & autres lieux
— 12 févr. 1734. 10 l. de rente par Mare
Le Prévost veuve d'Etienne Semiot.

1631 Erection de la Confrérie du Saint
Nom de Jésus par les Frères Prêcheurs de
Lisieux. — Fondations & donations à la dite confrérie: 22 déc. 1649 30 sols tournois
de rente par Pierre Le Prévost; Même jour.
71 s. 6 d. t de rente par Etienne Belleha-
che, prêtre, du Theil-Nolent; Même jour.
40 . t de rente par Jacques Huc, bourgeois
de Bernay; Même jour. 0 s. ts de rente
par Jean Hanoy; Même jour. 100 s. ts de
rente par Martin la Birche, sr des Costils;
Le dit Le Birche donne en outre 150 l. ts à
lui dues par feu Jean de Clinchamp, sgr de
Caudecottes & Bazoques, pour travail fait
à la contreble; Olivier de Clinchamp. prê-
te, curé et sr de Caudecotte & Bazoques;
20 juil. 1650. 12 perches de terre par Jacques Cousinard, boulanger; 24 mars 1651.
40 s. ts de rente par George Vaucquelin,
curé du Favril; 19 juin 1664. 20 s. de rente
par Ollivier Rocher; Jacques Bénard, cha-
polain; Jean Hannoir. roi; 5 juin 1677. 30
s. ts de rente par Robert Paisant; 2 juin
1682. 20 s. de rente par Charles Gouel et
même somme par Chales Saunier; 20 juin
1683. 29 s. de rente par Pierre Huc. 1654.
Procès avec le curé et le roi à propos des
deniers de la confrérie.

9 févr. 1722. Décès de Joseph-Augustin
Lebourg, 84 ans, curé de la paroisse pendant 51 ans, (Pierre tumulaire).

1792. Premier registre paroissial.
Au 2, 5 prairial. Délibérations municip.

BOISSY

1613. Premier registre paroissial.
1652. Jean Tasd'homme, vicaire.
14 mai 1659. Marie Mordant fille de Jacques, fut inhumée dans le portail.

Rolle et répartition faite de la somme de 3 743 livres 6 sols de taille mandée estre imposée sur tous les taillables de la paroisse de Boissy, élection de Bernay, pour l'année 1744, suivant le mandement du 19 octobre dernier. Répartition faite en présence de l'élu en l'élection de Bernay, commissaire nommé par l'Intendant, & par 4 arbitres & 8 collecteurs. Lesquelles impositions montent, savoir : Pour le principal à taille 3.636 l. ; pour le droit de collecte 90 l. 18 s ; pr (?) 14 l. 8 s. ; pour le droit de quittance 2 l. Plus est assis au présent rolle la somme de 250 l. de gratification qui a esté déduite sur les plus pauvres taillables par led. sieur commissaire. Lesquelles sommes sont reparties à raison de 6 s. par livre du produit annuel des biens fonds faits valoir par les propriétaires et de 3 s. pour livres de ceux qui font valoir par les fermiers. La nature desquels fons est de différente estimation, sçavoir : les masures à 18 l. l'acre ; les terres de labour à 18 l. 12 l. 10 l. & 6 l. l'acre..... Exempts : le curé ; le vicaire ; Périer, prêtre. Fait et arrêté à Bernay ce 6 janvier 1744. — 20 janv. Les collecteurs font saisir le mobilier d'un taillable qui refuse de payer.

Assiette faite sur les taillables, pour 1744 de 3,431 l. 8 s., savoir : 1,424 l. pour la capitation ; 142 l. 8 s. pour les 2 s. pour livre d'icelle ; 693 l. pour le quartier d'hiver des troupes ; 873 l. pour les ustenciles, le tout suivant le mandement du 10 nov. dernier ; la dite assiette faite par Marin Roche et ses conseils au m' de 15 s. 10 ainsy qu'il ensuit.... Le présent rolle reçu par le subdélégué & rendu exécutoire aux risques & périls des collecteurs.....; auxquels collecteurs il est permis de faire faire ouverture des portes, coffres & armoires de leurs taillables refusant de payer, par un serrurier... Bernay, 25 février 1744. Foucques.

4 pluv. an 2. Registre des délibérations. 14 ventôse. Inventaire du mobilier de l'église. Au grand autel : 6 grands chandeliers de cuivre ; 2 grands à grande patte sur la crédence de l'évangile ; 2 petits en cuivre ; 2 de cuivre sur chacun des petits autels ; une croix de cuivre avec son pied, sur le tabernacle ; 2 petits chandeliers en cuivre ; une lampe en c. ; 1 mauvais bénitier de c. ; 2 pattes de chandelier à porter les cierges de la Vierge et le cierge pascal. — Sacristie : 14 chappes ; 6 chasubles ; nappes, &c. Argenterie : 1 soleil pour l'exposition ; 2 calices avec les patène ; 1 ciboire avec une boîte ; les vases des saintes huiles.

« 19 vent. Plantation d'un arbre de réunion. Ordre de faire transporter les cloches au district.

» 3 germ. Après convocation dans les hameaux, les paroissiens s'assemblent en grand nombre dans le chœur; le vœu général des habitants est de faire sonner la cloche pour la messe comme on a coutume de faire ; les dits habitants répondent d'une voix unanime qu'ils vivaient aussi bons catholiques que bons républicains & que leur désir est de continuer leur concitoyen Jacques-Louis Levalois dans ses fonctions curiales comme il a toujours fait dans par ce jour. (Une page et demie de signatures.) — 12 germ. Levalois, curé, remet ses lettres de prêtrise datées du 18 septbre 1762.

« 20 plnv. Brûlement des titres féodaux.

» 12 vent. Une des cloches sera descendue dans 4 jours. — Moulin de Boissy.

Chapelle de St-Thomas & St-Clair de la Cahanée (Article spécial en préparation).

ROURNAINVILLE

1619. Premier registre paroissial. — 1646 Jouveaux, curé.

1752. Louis-Adrien de Mezières, sgr de Rournainville et Faverolles, conseiller au Parlement de Normandie, marié à Hélène le Gros.

1er déc. 1789. Registre de la municipalité. — 29 déc. Contribution patriotique.

17 févr. 1790. Déclaration du bénéfice-cure; revenu : 2.400 l. ; I vicaire ; 400 paroissiens. Blondel, curé. — Fondation pour les petites Ecoles : 15 l. — Confrérie du St-

Sacrement.

1790. Célébration du 14 Juillet. La veille, son des cloches. Le matin du 14, manœuvres militaires par 25 à 30 personnes sous les armes. Grande messe : « Les fusiliers sous les armes sont entrés par deux rangs dans l'église, le chapeau sur la tête sous la cocarde nationale, ainsi que les citoyens poudrés & arrangés à la manière d'une grande fête ; après quoy on a prêté le serment. Trois violons exprès ont joué pendant l'office ; le clergé étant sous les chapes. D'après l'office on a chanté le Te Deum, ensuite les fusiliers se sont retirez & ont fait une décharge. — D'après quoy on a entré au banquet qui s'est monté au nombre de 90 personnes non compris ceux qu: servoient qui se sont réunis de même au repas, sans distinction chacun a pris sa place à sa volonté ; on a bu & mangé largement avec joie & acclamation de cris rédoublés de vive la Liberté, de vive la Nation, de vive le Roy. — On a élevé plusieurs danses vu la multitude des personnes qui se sont assemblés au bal. On a fait quantité de décharges et la cloche a sonné par intervalles jusques à dix onze heures du soir. — On a donné le pain et fricot aux pauvres qui se sont présentés de la paroisse ou non. Enfin la journee s'est passée dans la plus grande joie sans avoir essuyé la moindre disgrâce. » — Le curé et le vicaire assistent au repas. — Douche, maire.

25 oct. 1791. Le tocsin est sonné par des

habitants ; ils réparent leur faute.

14 mars 1649. Les paroissiens acceptent une vergée de terre labourable donnée par Pierre Prévost, pour 3 basses messes.

6 juin 1661. Michelle Volard veuve de Charles Rivière donne au trésor une demie acre de terre pour 12 basses messes.

7 oci. 1666. Jacques Vollard, curé du lieu donne une pièce de terre (1|2 acre et 3 p.) pour 12 basses messes.

3 août 1735. Déclaration des revenus du trésor par Pierre Peauger, curé.

(Voir plus loin : Faverolles-les-Mares).

LA CHAPELLE-HARENG

Mre Jean Bucaille, prêtre, a possédé le bénéfice de la Chapelle-Harenc pendant 14 ans, ayant entré le 13e de mars 1633 et étant sorti le 13e de may 1647.

15 déc. 1647. Nomination d'un procureur pour procès.

1705. Date de la statue de St-Gilles.

1777-1778. Dates de la croix du cimetiè-tière. Antoine Bardel, curé.

26 déc. 1790. Délibérations municipales.

28 janv. 1791. Arrêté du maire sur l'observance du dimanche.

1er janv. 1792. Construction d'une chambre municipale. — 20 juin. Milcent, maire, signale au procureur syndic du district l'insoumission de la garde nationale : « ... Il y a 15 jours, comme c'est l'usage d'aller en procession à une paroisse que l'on appelle Préaux, à deux lieues de l'endroit, le capitaine nous demanda s'il ne pourrait pas mettre quelques gardes sous les armes : je lui observai que cela était toujours fort dangereux et que je n'étais pas partisan des processions, et que de tout temps qu'il en avait toujours arrivé du mal : mais qu'il pouvait choisir une douzaine de personnes tranquilles et de tâcher de ne pas les laisser trop boire. Point du tout : 30 à 40 se sont présentés en armes, disant qu'ils ne reconnaissaient plus la mnnicipalité; j'étais absent et le capitaine n'en fut pas le maître. »

(Voir s'il ne s'agit pas de la Chapelle-Gauthier).

29 juin et 13 nov. 1792. Inventaires des meubles et titres du trésor.

1793. Registre du Comité de surveillance.

DRUCOURT

1624. Louis Beaumont, prieur de la léprosarie de Droucourt, baille à ferme une pièce de terre sise à Faverolles, contenant demie acre demie vergée

1790. Robert Julien Rôney, 56 ans, curé depuis 9 ans. I vicaire et 2 chevaux.

3 prairial an 2. La Société populaire envoie à celle de Bernay la liste de ses membres et demande affiliation.

DURANVILLE

1622. — Gabriel-Joseph de Bellemare est inhumé dans le chœur de l'église.

22 oct. 1780. Devant le notaire de Bernay (O), délibération des paroissiens pour

la réparation du clocher, des murs du cimetière, et des portes de l'école.

1790. Charles Herbin de la Rochette, curé Revenu : 2.400 l. ; charges : 1.200 l.

FAVEROLLES

1676. Guillaume de Mezières, escr, sgr de Bournainville et Faverolles.

1690. Adrien de Mezières, curé de Faverolles, sgr et patron du dit lieu et de B.

21 nov. 1713. Adrien de Mezières, curé, est inhumé par M. Bertou, curé de Heudreville.

1790. 300 habitants. Revenu de la cure : 3.000 à 3.400 l. ; charges : 250 l.

La Maladrerie. L'Epine St-Gourgon.

LE FAVRIL

4 juillet 1661. Jacques Bucaille donne au trésor une vergée de terre... (Inscription dans l'église).

An 3. — 550 habitants.

FOLLEVILLE

1632. Premier registre paroissial.

1700-1702. Registre des procès-verbaux de Goubert, sergent royal à St-Aubin-de-S.

Le mardy onz° de may 1706, fut inhumée dans un cercueil de plomb couvert d'un de bois, sous le banc seigneurial en l'église de Folleville, dans le chœur, Noble Dame Rennée Catherine Boulaye, épouse de messire Jean Le Séns, chevalier, seigneur de Folleville, con^{er} au parlement de Rouen, après avoir reçeu les sacrements de l'/glise avec piété et dévotion. La cérémonie de laquelle inhumation a été faite par M^r le curé de Plainville auquel on auroit déféré çet honneur, aux préscnces de Messieurs de Calleville con^{er} au parlement, de Flamenville, frères de lad. Dame, de M^r le marquis de Morsen et autres parents & amis desd. seigneur de Folléville et dame son épouse.

Nota, que lad. Dame mourût à Rouen et fut apportée à Folleville.

3 juillet 1737. Toussaint Denquin, ancien curé du lieu, 62 ans et 6 mois, est inhumé dans le chœur, proche des gradins du maître autel, du côté droit, par le curé de Fontaine-la-Louvet. Jacques Lefranc, curé de Folléville.

1763. Date sur la cheminée de la chambre de la Charité.

FONTENELLES

Ier mai 1747. Mariage de Guillaume-Mathieu du Quesnay, fils de feu Guillaume et de Marie-Charlotte Etard et veuf de Marguerite Legrand, demeurant à Fontenelles et cavalier de maréchaussée en la brigade de Thiberville, — avec Françoise-de-Paule de Moucheron, fille de feu Jean-Louis, esc^r, s^r de la Ronce et autres lieux, et d'Elisabeth Angélique d'Orville, de la paroisse de Bocancé-la-Touche. Témoins : I° René-Louis ; 2° Isaac-Charles ; 3° Jeanne-Elisabeth de Moucheron, frères et sœur de l'épouse.

FONTAINE-LA-LOUVET

1877. Dans une mare, près l'église, on trouve une cuiller en argent portant des armoiries écartelées ; le I porte une bande chargée de 3 glands, 3 merlettes en chef ; le 2 porte 1 chevron ; le 3 porte I chevron ; le 4 porte un lion rampant ; timbre : couronne de comte.

(Communication de M. Porte).

GIVERVILLE

1630. Premier registre paroissial.

1632. Quête de Ste-Marguerite. Charles Filleul, curé ; Racine, vicaire. Lectures de contrats.

1640. Délibérations : 23 septbre, pour enrôler ; 21 oct., pour cueillir les deniers de la subsistance des gens de guerre.

4 août 1641. Délib. pour les deniers du fouage.

18 avr. 1660. Délib., pour satisfaire au mandement du roy à eux envoyé touchant le changement d'octroy, portant date du 24 février dernier.

28 nov 1649. Devant le curé, Charles Folleville, esc\`, délib. pour nommer un procureur pour poursuivre un procès, en la présence de 4 ou 6 des plus proudhommes paroiss\`.

— déc. Noël Dehais accepte la charge de procureur pour la communauté.

13 janv. 1669. Délib. pour le procès pendant entre la charité et M. de Giverville, seigneur du lieu ; les paroissiens sont d'avis de conseiller aux maîtres de la charité

de payer au s^r de Giverville le quart denier des terres que tient lad. charité.

1700. Frédéric-François de Giverville, esc^r, sgr et patron de St-Malou, la Londe, Bonnebosc, St-Aubin-de-Scellon et autres terres et seigneuries, demeurant ordinairement à St-Malou, tuteur naturel et légitime de Rémy-François de Giverville, esc^r, son fils mineur, héritier du feu curé de Bazoque.

10 déc. 1713. Délib. pour enrôler et dérôler. Les paroissiens sont d'avis de donner pouvoir aux collecteurs, tant pour éviter les vengeances que pour le soulagement des pauvres qui sont réduits à la mendicité par la trop grande continuation de la cherté, qu'après l'imposition de l'industrie et des 2 sols pour livre sur les fermes, le surplus soit réparti au sol la livre suivant le revenu ainsi qu'il est porté par l'arrêt du conseil du mois de janvier, sans avoir aucun égard aux parentés ni collections.

5 févr. 1719. Nomination d'un sindic. — 26 oct. La paroisse est taxée à 3.236 l. de taille.

3 avril 1725. Délib. pour les réparations du presbytère ; nomination de collecteurs pour la somme de 420 l. à cet effet.

2 déc. 1753. Au pied de la croix du cimetière, lieu ordinaire des délibérations, assemblée des paroissiens, sur la réquisition du trésorier, lequel a représenté que nombre de paroissiens murmurent des entreprises qui ont été faites et qui se font de temps à autres au préjudice et contre les intérêts

de la fabrique : 1° Entreprise de la ceinture d'ormes d'alentour le cimetière ; 2° Enlèvement d'un arbre de grand prix qui était dans l'encoignure du cimetière vers la cour de la charité ; 3° construction d'une boutique de barbier faite sur le cimetière ; 4° construction d'une 3° porte au cimetière vers le couchant ; 5° les droits de terrage dans l'église...

7 oct. 1753. Devant un notaire de Bernay s'assemblent les paroissiens, à propos du procès existant entre la charité et M. Lefeuvre, curé ; ce dernier veut obliger les frères à sortir du chœur et n'y avoir aucune séance. Les paroissiens sont d'avis de soutenir la confrérie de charité, au nom de la communauté. (28 signatures).

4 déc. 1788. Procès entre la charité et le seigneur ; celui-ci fait défense aux frères de prendre séance à l'avenir dans le chœur et demande qu'ils soient condamnés à en sortir le banc où ils prennent leur séance.

8 mars 1789. Devant un notaire de Bernay, les paroissiens s'assemblent devant l'autel St-Blaise, lieu ordinaire à toutes délibérations. Il est question d'indiquer une place, dans la nef, aux frères de charité expulsés du chœur, par sentence du bailliage de Bernay, sur la poursuite de M. de Giverville. Les avis sont partagés et sans solution. — 25 juin. Procès entre le curé et les habitants. — 1er déc. Procès entre le curé et M. de Giverville et autres. — 1er juillet. Procès des religieux de Gaillon contre les habitants et le seigneur de Giverville.

1790. Jacques Boivin, curé depuis 3 ans. I vicaire, 500 communiants. Revenu du bénéfice : 3,600 l. ; charges : 1,000 l.

Notes sur la confrérie de Charité :

1240. Erection présumée.

1487. Acquisition d'une pièce de terre avec le manoir. — 1493. Autre contrat.

1531. Statuts, approuvés le 11 mai.

1674-78. Procès de préséance avec la charité de St-Georges-du-Vièvre. Giverville a gain de cause par arrêt du 22 août 1678.

1687. Procès de préséance avec la charité de Thiberville.

1752-57. Procès avec le curé Lefebvre à propos d'une fondation du mercredi des Rogations à St-Georges-du-Mesnil. Transaction en 1753 : la charité prend pour chapelain le P. Léculer, cordelier. Peu après, reprise des hostilités avec le curé pour l'acquit des fondations par un chapelain ; absence de solution. — Nombreux titres et comptes.

1631. Registre d'inscription des frères.

HEUDREVILLE

Mars 1701. A la requête de 3 paroissiens et en vertu de l'ordonnance de l'intendant de la généralité d'Alençon, un sergent recherche, à Folleville, Guillaume Poullain, un des garçons de la paroisse de Heudreville, auquel le billet noir s'est trouvé pour lui pour servir de soldat de milice, qui a été tiré, pour son absence, par le sindic de la paroisse, les garçons présents ayant tiré leurs billets... Poullain est trouvé battant dans une grange; au commandement qui lui est fait, au nom du roi, de venir devant le subdélégué de Lisieux pour être reçu soldat de milice; Poulain consent.

PIENCOURT

1664. Premier registre paroissial.

1714. Liste de Pèlerins. — 1738. Statue de N,-D. de la Délivrande donnée par les pèlerins.

10 floréal an 2. Délibérations municipales 26 flor. an 3. Réouverture de l'église.

LE PLANQUAY

1669. Premier registre paroissial. Olivier de Montargis, curé.

1654. Le Grand Pardon général ét plenière rémission donné à perpétuité par nos SS. Pères les Papes aux bienfaicteurs de la Magdeleine de Rouën, à la requeste et supplication du très-Chrestien Roy de France François premier de ce nom, Et confirmés par nostre Saint Pèrc le Pape. — Léonor de Matignon, évêque de Lisieux ; février 1654. (Placard servant de couverture au registre paroissial de 1679).

Ordonnance de l'Intendant d'Alençon de s'assembler pour nommer de bons collecteurs & solvables des trois Eschelles suivant l'usage de la province. (I[2 placard ; reg. de 1682).

1er mars 1789. Délibération pour rédiger le cahier de doléances.

29 mai 1791. Réparation du comble de

l'église et lambris de la nef.

9 avril 1792. 2 tourniquets au cimetière.
— 13 mai. Arrêté pour le silence pendant les offices.

10 mai 1826. Bourlet, curé. Projet d'avoir 2 cloches pesant 750 l.; il n'y a aucun fonds au trésor.

St-AUBIN-DE-SCELLON

1613. Premier registre paroissial.

1638. Jehan de Bellegarde, escr, sr de St-Aubin-de-S., marié à Catherine de Boissy.

1700. Claude Savourin, prêtre au dit lieu.

17 mars 1701. A la requête du trésorier de la paroisse, un sergent signifie à Pierre Desmons, un des garçons de la paroisse, que tous les garçons présents ont tiré un billet entre eux pour fournir un soldat dans la milice et que pour les absents le sindic a tiré pour eux le dit billet, lequel s'est trouvé au dit Desmons. Parlant à son père, défense de s'en séparer à peine d'être pris coe déserteur. Perquisition infructueuse à Malouy par le dit sergent de St-Aubin-de-S.

1761. Plan de la terre et ferme de Glos située à St-Aubin-de-Scellon, Heudreville et Cauverville, appartenant à Jean-François de Varin, chevr, sgr de Glos, demeurant ordinairement en sa terre des Hautes-Terres, paroisse de Morainville.

18 août 1784. Après 3 monitions, les paroissiens s'assemblent en état de commun...., pour délibérer des affaires de la communauté et notamment au sujet des grosses répa-

rations qui sont à faire à la maison de la charité et en même temps pour nommer des députés pour porter au secrétariat de l'évêché de Lisieux les titres concernant les fondations de la fabrique et de la charité... Augustin Vy, prévôt de la charité, est autorisé de se saisir des titres de la charité. — Allain, curé. — 25 août. Seconde délibération : les prévôt et échevin sont autorisés de faire faire les réparations et de vendre aux enchères 2 ormes qui sont derrière la dite maison. — 26 déc. Nomination de 3 trésoriers : principal ; 2e, porte-bannière ; 3e, porte-campanelles.

Obitaire de la charité imprimé sur parchemin (collection de M. l'abbé Langlois).

1785. Jean-Louis de Giverville, chevalier seigneur et patron honoraire de cette paroisse, seigneur et patron de Bonnebost, St-Aubin, les Pintreaux, Reux, Glos et autres lieux, ancien mousquetaire de la seconde compagnie de la garde ordinaire du roi.

13 nov. 1785. Délibération pour abattre l'if et tous les pommiers du cimetière, vu qu'il devient trop petit pour inhumer les corps, au titre de l'ordonnance.

28 août 1790. Registre des sentences rendues par la municipalité.

2e jour de l'an 3. Le procureur de la commune déclare au procureur-syndic du district qu'il existe dans sa commune 3 ministres du culte catholique : 1° François Allain ci-devant curé de la commune ; 2° Blondel, ci-devant curé de Bournainville ; 3° Aubin

Réville, ci-devant curé de Bouffé, lesquels ne tiennent aucuns discours mauvais qui soient contraires aux lois de la République, et se comportent toujours en honnêtes gens.

St-GERMAIN-LA-CAMPAGNE

8 avril 1657. 12 paroissiens en faveur du voyage qu'ils ont fait au Mont St-Michel, font une fondation à la Charité pour célébration de services religieux.

9 janvier 1763. Requête de la Charité à la chambre ecclésiastique du diocèse, à propos de la grande pauvreté de cette confrérie. Recettes: 972 l. 1 s. 4 d. Dépenses : 947 l. 19 s.

26 oct. 1730. Alexandre de Belleau, esc^r, s^r de Courtomer, est inhumé dans l'église.

13 avril 1782. Louise-Ursule Reguenard de la Frenaye, épouse de Pierre-Charles de Foucques de Gauville, éc^r, s^r de la Pilette, ancien mousquetaire du Roi, capitaine de cavalerie, chevalier de l'ordre royal et militaire de St-Louis, âgée de 28 ans, est inhumée par Jean Bourlet, ancien curé de la paroisse. (En 1731, Jean Bourlet était vicaire de Ste-Croix de Bernay).

16 févr. 1791. Mme Heroult, maîtresse d'école des filles.

10 déc. Inventaire des titres du trésor. (Registre des comptes, 1595). — Confrérie du St-Sacrement. Confrérie du Rosaire.

Même jour. Inventaire des titres de la Charité : Contrats de donations depuis 1512. Obituaire de 1596 (50 feuilles). 1 registre ayant en tête les statuts de la confrérie et destiné à recevoir les comptes, 1601 à 1673. (493 rôles). 1 registre des comptes et délibérations, 1676-1689. 1 registre fermant à clef destiné à recevoir les franchissements des habitants de la paroisse et des paroisses voisines.

2 germ. an 2. La vente nationale des vins de Jacques-Philippe Desperriers, ci-devant curé, produit 916 l. 10 s. — 9 germ. Pierre-Robert Bénard, ecclésiastique, en état de réclusion volontaire, professeur à Rouen. Thomas-Joseph Boutelet, sous-diacre, émigré ou déporté volontaire, chez sa mère.

11 brum. an 3. Le secrétaire-greffier est instituteur. — 12 mess. Un prêtre réfractaire sème la division. — 30 fruct. Jean Bo-u-let, chez Jacques Bourlet son frère, dit furtivement la messe et prêche chez les particuliers; dénonciation au district.

Chapelle de la Trinité. — Chapelle St-Melain.

St-MARDS-DE-FRESNES

1689. Simon, curé. Procès avec l'abbé de Bernay à propos de dixmes.

1692. Etablissement d'un vicaire.

27 sept. 1705. Nomination de collecteurs auxquels il est enjoint d'imposer et cueillir, et payer les deniers à taille si bien et en temps que la communauté n'en ait peine, perte ni dommage.

11 nov. 1705. Délib. pour enrôler et dérôler; les paroissiens mettent à néant la

personne de Jean Behue, étant à la milice
pour la paroisse.

2 oct. 1707. Nomination de collecteurs
pour asséoir et cueillir les deniers nécessai-
res pour rétablir la pyramide et la tour du
clocher. Jean Anbry est nommé pour leur
consort ; il refuse cette fonction, d'autant
qu'il est présentement en la charge de trésorier ; les paroissiens persistent à leur nomination.

1718. Délib. pour faire les grosses répa-
tions du manoir presbytéral.

St-VINCENT-DU-BOULAY

(Notice spéciale en préparation.)

LE THEIL-NOLENT

1626. Premier registre paroissial.
1649. Richard Corneille, curé.

THIBERVILLE

25 août 1732. Rectification de l'état civil
de André Rivière de Beaudrieux.

1667. Registre du notariat (à Bernay).

5 juillet 1790. Les écharpes achetées
pour les officiers municipaux coûtent 112 l.
13 s. 6 d. payées par le trésor. — Auberge
où pend pour enseigne la Croix rouge. —
8 oct. Prohibition du jeu de quilles. — 12
oct. Reconstruction du puits existant autre-
fois au milieu de la place du marché.

1792. Rogeray, curé. En janvier, troubles

15 flor. an 2 L'église convertie en temple
de la Raison.

6 germ. an 3. Le curé est rétabli. — Le
drapeau et l'arbre de la libeté sont arrachés.

24 flor. an 3. Le curé a rétabli les statues
dans l'église ; dénonciation du juge de paix

23 déc. 1821 et 12 mai 1822. Délibérat*
relatlues à l'organisation d'une compagnie
de Pompiers.

NOTES DIVERSES

Titres manuscrits appartenant à l'auteur:
Généalogies De Belleau-Beaudrieux.

5 juin 1700. Quittance de 800 l. payées
par Thomas Rivière sieur du Tailly Beaudrieux, fils de Thomas Rivière anobly par
lettres de l'année 1653, revoquées par déclaration de 1664 et rétablies par autres
lettres de l'année 1665.

19 avril 1725. A Orbec, contrat de mariage de Jean-Baptiste-Thomas de Rivière,
écuyer, sieur de Béaudrieux, fils de Thomas
et de Marie-Thérèse de Lambert, de la paroisse de Thiberville, avec Catherine-Marie-
Madeleine de Belleau, fille de feu Guy de
Belleau, écuyer, seigneur de Saint-Clair, et
Marie-Madelaine Le Gallois, de la paroisse
de St-Paul-de-Courthonne. Témoins: Pierre
André de Rivière, écuyer, sieur de Beaudrieux, frère du futur...